하늘과 대지 사이에 샌드위치되다
Gone astray between the Universe and Gaia
2021 Rosalia Choi

포엠포엠
POEMPOEM

하늘과 대지 사이에 샌드위치되다

Gone astray between the Universe and Gaia

포엠포엠시인선 032

하늘과 대지 사이에 샌드위치되다
Gone astray between the Universe and Gaia

최로잘리아 시집
Rosalia Choi's poetical works

하늘과 대지 사이에 샌드위치되다
Gone astray between the Universe and Gaia

목차

● 자서 · 10

part 1

    변형 · 15
    하늘과 대지 사이에 샌드위치되다 · 16
    나무가 벗은 까닭 · 17
    목관 · 18
    볼기 · 19
    세컨드 핸드 정보 · 20
    모국어 · 21
    의자 · 22
    봄 그리고 가을 · 23
    중심 · 24
    칼 · 25
    잉여 에너지 · 26
    가지치기 · 27
    장미 · 28
    나비가 딩동! · 39
    접점 · 30
    신뢰 · 32
    다르마 · 33

part 2

불가해 · 37
치유 · 38
뗏목과 나비 · 40
비트루비언 맨 · 41
두려움이 설자리를 잃는 방식 · 42
포장 안에 든 게 물이라면 · 43
연결되어 있나 봐 · 44
형과 아우 · 45
멀지 않은 그대 · 46
별바라기 · 48
오이 배달하는 사람 · 49
반짝이는 것은 살아 있다 · 50
축복의 암행 · 51
날 좀 보소 · 52
이완에 대하여 · 53
다시 쓰기 · 54
아침 혹은 밤의 안내자 · 56
굿바이, 올드 에너지 · 57
운세 · 58

part 3

어떤 관조자 · 61
소확행 · 62
무책임한 시간에게 · 64
레이스 블라우스 · 65
트릭 · 66
가을볕에 누워 · 67
여름휴가에 덧붙여 · 68
아오테아로아의 일상 · 69
고추잎 · 70
변기에 앉아 · 72
수프 · 73
불통 · 74
단호박 여물려면 · 75
빈 풀장에 세 번째 실족한 고슴도치 · 76
낯선 풍경 · 77
투영 · 78
색소폰 부는 사람 · 79
제자리 · 80
다리 너머 · 81

part 4

길 · 85
맹세 · 86
소음과 침묵 · 87
뙤약볕 쬐는 신호등 · 88
삼계탕 집 · 89
뻔뻔스러운 변 · 90
발코니 · 91
그럼에도 · 92
거미 · 95
녹차 이파리 · 96
닮은 스케치 · 97
두려움 · 98
트렌드 · 99
졸업 · 100

● 해설

아수라와 지복至福 사이를 매만지는 말들
— 정훈(문학평론가) · 103

● 자서

    몇 해 전이었을 게다. 즉흥적으로 떠오른 생각이었다. 아들들의 의사를 타진하고 이어 대화방이 열렸다. 방이 자리를 잡게 되자 불 밝히는 일이 잦아졌다. 때로는 단상으로 때론 길게. 어떤 날은 이른 아침부터 내가 먼저 부산을 떨었다. 새벽의 박명 아래 부유스레하게 초록을 되찾는 잎사귀들의 귀환이 반가워 톡을 눌렀다. 막 지은 듯 티끌 하나 걸리지 않은 거미의 작품. 사진과 함께 글 몇 줄을 딸려 보내기도 했다. 부엉이 체질이라 이슥한 밤 시각에도 문자를 밀어 넣을 때가 있다. 원격으로 소통하는 처지이다 보니 시차까지 셈할 겨를 없이 문자 주고받기가 이어져왔다.
    소통이 원활한가, 의문이 들 때면 갸우뚱하곤 한다. 고백하자면, 대화방에 얹힌 글들은 내가 빼곡히 채운 셈이다. 그것들은 아마도 복병 같은 블랙아이스 도로 위에서 팔풍경계를 체험하고 있는 자식에게 보내는 어머니의 충정으로 받아들여졌거나, 더 솔직히, 신성을 본뜬 소우주가 그 안에 간직한 암호를 한 땀 한 땀 해독해 가는 여정에 그들을 독려하였을 듯싶다. 여태 대화방이 휴면상태에 들지 않은 걸 보아.
    나에게 거울이 되고 때로 메아리를 보내는 우리 짝꿍과 두 아들이 새삼 소중하고 고맙다. 그들이 아니었더라면 깊이 감춰진 삶의 속살을 파헤치고 부대끼며 성찰하는 과정이 불가능했을 것이다. 문화적인 다름을

이해하고 수용하여 뭔가 이질적인 환경에 섞여야 하는 국외인에겐 더욱이. 최선을 다해 사랑한다. 연이은 환난에도 꿋꿋한 포엠포엠의 도움으로 시집이 나왔다. 책을 펴내는데 수고해주신 모든 분들에게 깊이 감사드린다. 나의 삶을 스쳐가는 인연들에게도 고개 숙인다.

2021년 3월 뉴질랜드 크라이스트처치에서

최로잘리아

part. 1

변형

숨을 멈추면
신이 된단다

들과 남이 숨바꼭질하는 틈새
차원을 갈라놓기 전에

몸도 살리고
신도 찾자

하늘과 대지 사이에 샌드위치되다

머리에 이고 있는
천에 대해
자초지종을 헛들어 죄인처럼 살아온

인류

만물을 껴안은 어머니 대지
가이아와는
입맞춤 진실로 해보지 않고 남남으로 지내왔다

나무가 벗은 까닭

 나는
 벌거벗은 채
 엄동을 난다
 여벌이 없다

 나도 철 따라 옷을 바꿔 입긴 한다
 패치코트로 겹겹이 부풀린 초록 스커트를 두르고
 열병 환자처럼 붉게 달뜨다, 마른 잎을 바삭거리며 피를 토하듯 곤두박질친다
 천과 지의 기운을 머금어 초심을 놓은 적 없지만

 당신들이 항시 두르는 망토가
 내가 숲의 길잡이들-태양과 달, 바람, 비, 구름, 날개 달린 것들과 속삭이는 방식으로
 듣고, 보고, 맡고…느끼지 못하게 함으로써
 그대에게 건너가야 할 전언이 번번이 꿈결처럼 흩어지고 만다

 거센 바람에 최후의 통첩을 매달은 겨울, 하자는 대로
 대지 위에 선 맨 몸뚱이가 얼어붙든 말든 아랑곳하지 않고
 오싹해진 팔뚝 위에 링거액처럼 꽃눈을 달고, 가사假死를 연출한다
 매번 왔던 곳으로 순순히 더듬어가는 길목에

목관

목관은 철통 같이 짜여 있다
탄력이 미숙하여 좌충우돌할 때마다 금이 간다

검은 칠을 한 목관은 잠든 공원묘지다
생시에는 롤러코스터의 놀이를 멈추지 못한다

유연하고 다채로운 관 만들기가 시급하다
복두장이가 주검의 궤짝들에 조명을 밝힌다

나는 오동나무로 다듬어 찬 공기와 열이 소통하는 주제로
썩을 목재를 더러는 수입해야 한다

관 위에 봉황 한 쌍 새기면 행복하다
응어리진 화는 끝내 삭이지 못하였다

관 만들기에 사활을 건다
주검 안에 가둔 죽음의 불연속선을 잇기에 역부족이다

플러그-인 하면 승천하는
깔끔한 테크놀로지는 멀기만 한가

볼기

엉덩방아 찧을 때 경험하였을 것이다
두툼한 근육 덕으로 골반을 보호한다는 것쯤
왜 하필 거기에 많이 모였는지

볼기짝의 살집을 눈여겨보았다
연화좌蓮華坐를 지탱하여 방석보다 좁게 깔고 앉은 대지는
중력에 붙들린 육신의 유일한 리조트

튼실한 양 볼기 사이에 움푹 들어간 꼬리뼈를 느끼는 동안
오른쪽 볼기로 심하게 기울었다,
반대쪽으로 힘껏 부딪쳤다,

태엽이 풀린 시계추가 진폭을 좁히는 동안
간발의 틈을 저울질하듯 방황하다 이윽고
영점에 머물렀다

세컨드 핸드 정보

얻어온 정보는

창의성을 빌려주진 않는다

DNA가 서로 달라서

모국어

모국어로 말할 때
흡족하다
젖을 빠는
아기의 얼굴처럼

애국자가 되지 않아도
말과 절로 사랑에 빠진다
모성이 자식을
가려 사랑하지 않듯

모태의 언어는
깨어 있는 삶
자음과 모음이 서로 껴안고 받쳐주는 동안
몸 안의 세포가 불침번을 설 때

자연스러운 글은
영혼과 함께 작업하는 동안
씹을수록 혀에 착착 감기는 흰쌀밥만큼이나
부드러움을 연마한 흔적

의자

몸을 맡기고 속삭일 때면 하늘과 연결된 듯 들어주었다
껍질, 잎, 수액을 찾는 다람쥐, 개미, 기생 식물들을 제치고

확 낮추었네

꽁지를 쳐들고 있는 등 뒤로 가서 양 어깨 위에 두 팔을 얹고 바로 세운다
해 솟아, 마당으로 나가서 갖추는 예

*마주 보니
비로소
의자가 되었다*

선인장 분의 꽃망울이 주황빛 혓바닥을 불꽃처럼 놀리고
빗방울이 장대비에서 다시 구름 사이로 불볕 쏟는
원탁 둘레에 꼿꼿이 세운 나지막한 입지

*무릎에 앉으니
뿌리에 닿은 듯
미쁘다*

봄 그리고 가을

겨울을 오랫동안 냉대하였다
춥다는 말을 겨울과 짝 지어 미안하다
여름과 차별 둔 것을 사과한다

계절을 절뚝거리며 날을 짚었다
베짱이처럼 더위만 구가하였다
태양에 달궈진 모래알 속에서 기서氣序를 어겼다

겨울은 춥고 여름은 덥다는 말 모순이다
순환은 자리를 고집하지 않기에
극한 개념으로 비약할 수 없다

둘 사이에 서로 등 돌린 적 없다
마주 보아도 미간을 찌푸릴 리 없다
그럴 앙심이 없다는 까닭을 알게 됐다

봄이 그리고 가을이 제때에
나의 어머니처럼 완충지대가 되어
모가 난 부분을 다듬어준다

중심

자유선택과 이원성을
애초부터 가르쳤다면

누가 어디로 향하는지 빤히 보고 있을 터이다
오른 쪽으로 끌리는지
왼쪽으로 기우는지

맡은 역할이 달라도
차등을 두지 않을 것이다
영악한 주역이나 머저리 노릇이거나

미로처럼 얽힌 마음들을 하나로 붙들고 있어야 한다
분탕질로 행성을 어지럽히는 미숙함과
시행착오를 멈추려는 각성을

누가 무엇을 하였는지 한 점 빠짐없이 통달하고 있겠다
얼마나 고향을 그리워하고 있는지
어디서 떠돌고 있는지

칼

너는 진분수다
분자에 힐끗
시선이 스쳐
다그치면 영락없이 꽂힌다

얼른 눈을 내리깐다
주먹이
불끈 조인다

너는 진분수라 하지만
위와 아래에서
아래와 위를

훑으면
위험이 비켜선다
제때에 쓰임새가 다가온다

잉여 에너지

사람에게는 남아도는 능력이 있다

흐릿한 사진 앞에서
뇌의 파일을 열고
또렷한 시간과 장소를 읽어내는 기억

텅 빈 둥지를
고독으로 채운 뒤
심해를 유영하는 은둔자의 감정선

그 식당의 테이블에 차려진 가자가지 색색 반찬은
리필 할 수 있다
첫 번째 접시로 수저를 놓을 줄 아는 인내의 탯줄

백수에게 철철 남는 시간이
빈손의 딜레마를 뿌리치고
무진장의 여유를 극한으로 쪼개 쓰는 특권

코비드가 내리치는 채찍, '사회적 거리두기'
세상만 한 크기의 방울에서 격리되어 나온 포말이
난생 처음으로 '나'와 나를 떼어 내기 시작하는 불가사의

가지치기

분홍 기운이 넘실거린다
불그레한 물결에 실린 봄날이 몽롱하다

풀협죽도가
곡물가루를 빻아서 검게 물들인 듯 고운 흙 알갱이,
바람이 알아서 흔드는 대로 뿌려지는
그래서 맞아도 아프지 않은 빗방울 방울들,
순도 일백 퍼센트의 새벽이슬에다,
해질녘의 노을을 떠다 부은 핑크 칵테일을 단숨에 들이켰다

고사리 같은 사지를 단호히 절단한 뒤
그에게 마취제가 필요했다

장미

칠월 엄동이 질펀하게 습기를 들이붓고 나서부터다
손잡이가 기다란 전지가위의 날이 한층 예민하다
가지 자르는 날을 벼르고서 일주일을 허탕 쳤다
자외선 차단제를 두껍게 발라야 안심되는 부신 빛발이
축축한 마당에 플래시 라이트를 치기 시작했다

쌩, 창공을 가르는 작두날의 울림이 담장 안을 휘감았다

나선형으로 틀어 올린 봉오리가 입술을 앙다물었다
연지 볼의 분 향기 거두어 체념 서린 탄식으로 뱉는다
또르르 마른 잎사귀 서둘러 굴러가는 소리
핏기 채 가시지 않은 분홍 이파리 천천히
수직으로 내려앉는다

나비가 딩동!

모낙 버터플라이가
머리 위에서 빙그르르 맴을 돈다
누굴 만나러 왔지
손바닥에 옮겨 앉은 귀빈이
활짝 세 번 박수를 치더니
홀연히 중력을 밀어냈다

딩동!
청아하고 긴 울림이다
무슨 일이기에 야심한 시각에
우리 조우할 적에 운이 대통했던 날짜와 장소를 들먹이고
우연이라 갸우뚱했던 의문을 풀어주었다
생시보다 긴 만남이었다

접점

꽃은 피어남으로 현현한다
탄생에 대한 현란한
시뮬레이션

암술과 수술 사이에
필생의 터치로 불꽃처럼 피어올라
'플라토닉 솔리즈'의 패턴을
판화처럼 찍어낸다

꽃은 둥근 달로 피어나
활짝 벌어진 것은 플라스틱일 뿐이다
욕망의 화덕에 탐심의 솥을 걸었기 때문

슬로우 비디오에 담은 등가의 교차는 치열하다
한 잎씩 찢어지는 아픔을 딛고 탄생을 조합하는 꽃
늘어나는 주름살의 개수
농밀했던 색깔과 향기는 퇴화하고 있다

시들어가는 것들은 허망하다
말라 비틀어져 꼭지만 남아 연명한다
허무를 너무 성급히 몰았다

사투를 벌이는 잎과 줄기에 대롱거리는
엷은 생명의 보호막이
몇 날, 어느 경각을 다투어 용암처럼 터트린다
여문 씨앗이
전환의 다리를 건넌다

신뢰

의심의 끈을 살며시 놓았다
옹달샘을 들여다보았다
조금 고였다

불신으로 엉킨 실타래가
느슨해지던 즈음

천천히
차올랐다

더 큰
신뢰의 강이
두 팔을 벌리기까지

믿음의 깊이를
측량하지 못하였다

다르마

넘쳐흐르는 자비
한 조각을
하사 받았다

영혼들끼리 맺은 약조
어머니대지와 벗 삼으며
'본성' 잊지 않기로 한

다르마

영원을 가리키는 이정표
법리 다툴 일 없다

part. 2

불가해

만질 수 없는 것을
쥐었다

투명한
무엇으로

닦을 수 없는데
반짝인다

스파크를
일으킬 적마다

보이지 않는 무엇이
어루만진다

치유

행성에 안착한
작은 우주
DNA 안에

대우주
당신의 숨결을 불어넣고
어버이와 혈육 간의 네트웍을
신성기하학으로 맞춤 디자인하였다

지구에서 몸을 입고
벗을 새새
영과 육이 뒤좇으며 부르는 고통의 푸가가 절정에 달하면
창조의 근원에서 혼수에 빠진 영혼을 흔든다

동일신을 따르지 않는다는 이유로 배척하는 유아적인 믿음.
불운에 시달릴 때면 잿빛 세상에 탓을 돌리다 꺾인 소시민의 어깻죽지.
병마의 사슬에 묶여 아픔과 두려움을 깍지걸이하고 지내는 자조.
존재에 대한 검증을 증거유무로 치환하려다 한계에 부닥치는 논리.
부익부와 빈익빈이 빚은 상극의 분열.

용기는 숨기고, 비겁함으로 삶을 지켜야만 했던 수많은 쇼스타코비치들*의 좌절과 시든 자존감,
'생로병사'라는 굴종의 터널을 벗어나 '무병장수'라는 새 기종을 수용하지 못하는 근시안을

전능의 에너지가 은하의 중심으로부터

영겁의 시간을 물리고, 공간을 건너뛴다

태양의 바람에 다함없는 자비를 실어 가이아로 나르면

바즈라로 내리꽂는 광휘가 멍울진 지수화풍을 쓸어내린다

깊은 공덕의 바다에서 건져 올린 선함이 공명을 일으켰다

* 줄리언 반스의 소설 『시대의 소음』에서 차용

뗏목과 나비

뗏목은
욕망을 실어 나르는 하수인

배를 버리지 않으니
다시 유혹의 강을 건너잔다

나비
슬픔을 쓰다듬는 붓

위무에 잠든 사이
절해고도에 서성인다

비트루비언 맨*

언제부터 날것들이
비상에 대해 금기를 퍼뜨리고 다녔다

언젠가 사람이
중력을 벗어나려고 갈망하였다

아래로 뻗어 차고, 허공으로 밀어 올리는
수많은 팔과 다리의 날갯짓이 시작되었다

참회의 눈물 뒤에 겹겹 장애물을 뚫느라 인내함으로써
청정하게 닦아 드러내야 할 소우주의 소명

한 번도 물들지 않았으며 결코 물들일 수 없는 나노 세계의 형상 같은 깃
　그것이 얼마만큼 공명해야 날개돋이를 하는지 아무도 알려 주지 못한다

나비가 파르르 꽃에 앉았다
등허리에 걸린 순결의 망토가 숨결처럼 떤다

꽃은 모가지가 간지러워
웃음을 참지 못하고

* 비트루비언 맨(Vitruvian man): 레오나르도 다빈치가 남긴 드로잉

두려움이 설자리를 잃는 방식

들여다봄은
빛을 만드는 제조기

보는 동안
어둠이 온 데 없다

밝음이 차오르는 환한 방

계속 지켜보는 사이
두려움이 간 데 없다

바라봄은
그릇됨을 멎게 하는 만능

포장 안에 든 게 물이라면

아무도 모르게 숨겨놓고 싶은 치부는 포장이 필요하다
욕망이 부풀거나 화가 치밀어 오를 때면 찢고 나오려 한다
포장은 어쩔 수 없이 철옹성이 되어간다
헌거운 것을 가둔 방은 스스로 페르소나가 되고, 야비한 곳은 단단한 창살이 둘러쳐졌다
구중궁궐의 대문으로 겹겹 둘러싸인 것들 모두
스스로 밀어 넣었는데 무의식의 소관으로 봉합되어 있다
주문을 잊었기에 열지 못하는 마법 걸린 상자처럼

바위처럼 지고 다니기에 얼마나 무거웠던가
짐을 내려놓고자 간절한 기도를 하였고 달아나기도 하다가
그것을 뚫어지게 보았다

누구도 자신의 피부주머니 안을 대신 들여다봐 주지 못한다
스스로 옆구리를 찌를 용단이 징검돌을 놓을 것이다
수생에 걸쳐 무엇을 축적하였든지 남김없이 터트려야 한다
상자가 부서지는 순간, 쿨쿨 소리가 날지 모른다
쏟아지는 것은 물이라 그 자리에서 스러지고 만다
환영의 씨줄과 날줄로 엮은 피륙의 실루엣이 퇴각하는 현장을 눈 부릅뜨고 지켜볼 뿐이다

연결되어 있나 봐

잡풀 한 가닥이라고 업신여길 수가 없다
거기에 내가 귀 기울여야 할
동기가 들어 있었다
혼자서 이룬 것처럼 기만했다

동물들이 물길을 찾아 달린다
수만 리 대장정에서 혼절하는 고난이 막아서도 멈추지 않는다
오직 목축임 밖에 꿍꿍이속이 없다
대지의 안위를 무한 책임지는 신의 사자처럼

내가 잘못을 저질렀다고 하여
혹은 그대가 실수를 범하였을 때
어찌할 바를 몰라 서로에게 화살을 겨누곤 하였다
때 낀 거울로 살갑게 비추지 못했다

나의 오른 팔이 힘들어 할 때
당신이 대신 오른 팔이 되어주었다
아무래도
연결되어 있나 보다

형과 아우

나는 형이라 불린다
내가 형임은 아우가 불러줄 때다
돌볼 줄 아는 형을 향하여

나는 아우라 불린다
내가 동생임은 형을 찾을 때다
배울 점을 발견한 아우로서

우리는 형이고 또한 아우다
도우면서 배우고, 성장하며 나누는
앎은 쉼 없이 자리를 바꾼다

멀지 않은 그대

폭력, 으스스하다
시궁창 주위를 배회하는 음기처럼 지구촌을 어슬렁거리고
모자 푹 눌러쓰고 고개 꺾은 범법자의 뒤통수를 향하여 증오심을 키우며
가늘게 떠는 등덜미에 대고 빌미를 제공했으니 '싸다', 감정이입을 거부하므로

비폭력
인격에 따라다니는 양극의 표딱지 위에다, 그래서
회복하지 못하는 자존감과 굳어버린 적대감에다 덧댄다

'힘이 약하거나 더 센, 나이가 많거나 적은, 성적 높거나 그보다 낮은, 넉넉한 부족한, 몸집이 작은, 덩치 큰, 고용과 피고용, 멀뚱히 보거나 째려보는, 성숙한 미숙한, 여성성과 남성성'―짝 이룬 단어의 힘이 혀 위에서 공평하게 구를 때까지 소리 내고 음이 퍼지는 동심원을 따라간다

'피해자 vs 가해자'라는 명명은
낙인을 찍을 뻔했다
한 뿌리에서 갈라져 나간 존재들에게, 하마터면

'포식자 vs 먹이'라는 표식은
야만인으로 매장했을 뻔한 아찔한 뒷걸음질이었다
공들여 깨어나고 있는 영혼들에게

별바라기

하늘 바라보는 일 드물다
고개를 쳐들어야 하니까 그렇다 치자
누가 가리고 선 것도 아닌데 위로 쳐다보기 쉽지 않다
관전물이 딱히 잡히지 않아서 그러려니 한다
구름 속으로 빨려 들어가는 비행기에게는 빚진 게 있나 보다
굉음에 화들짝 놀라 소모적이던 어느 여름날의 그리움으로 되갚는다
점점이 비상하는 것들의 가벼움을 향한 열망도 무뎌졌다
팔꿈치가 부딪을까, 짹짹 소리에 눈 흘길 짬조차 미뤄왔다
더 쇠하기 전에 내면의 창궁으로 돌아와 수없이 덧낸 상처를 보듬는다

밤의 바다에 시간을 내는 건 고난도의 일거리다
무수히 쏟아지는 젖빛 별들의 무리에 넋을 놓은 적 있다
남십자성 아래서 우러르는 '우리우주'가 아득하기만 하다
어버이를 따라 커가는 지구별이 여태껏 방황하고 있다
3D와 사랑에 빠진 이성理性은 차원 너머 새 신부를 맞을 준비가 안 됐다
은하의 제전에서 내리는 단비를 받을 연화를 꽃피우지 못했기에
광야의 별이 머무는 소우주로 서둘러 귀소 하여 더 많이 멍을 때릴 일이다

오이 배달하는 사람

호리호리한 가지가 미니 오이를 달기 시작했다
오늘 두 개
내 중지만 한 게 침을 빳빳하게 세운 것으로
다음 날은 네 개나
어떤 때는 새끼손가락만 한 걸로 한 움큼 들고 왔다

오이를 가지고 수다 떨어보면 맛깔나다
태평양을 건너온 굵은 천일염으로 오이짠지 담그는 비법
말고도 쪼그라진 것들의 물기를 훔치고 나서 박으려고
"매운 게 좋아요, 된장박이가 당기나요?"
뻔한 물음이라는 듯 다 무방하다는 사람

여태 거둔 오이가 몇 개였는지 세어볼 걸 그랬네
남빛 유리병 뚜껑을 열고 장아찌 속을 헤적거린다
호리병 같이 생긴 것들을 보듬은 큼직한 손 떠오른다
한가로이 비어 벽이 드러난 냉장고의 문을 연다
지금 쉴 때가 아니라 채울 때다

반짝이는 것은 살아 있다

초저녁 불그레한 노을이
도시를 들여다본다
엷은 그림자를 향해
윙크를 던지자
어둠에 젖은 옷깃을 가로등 뒤로 숨긴다
저녁 그늘이 길게 드러눕는다

밤이 내려앉는다
빛이 어둠의 모서리를 훑고 지나갈 때마다
실눈을 떴다간
질끈 감아버린다
부딪쳐도 상처받지 않는 영혼에게서 검은 실루엣은 돌아서지 못한다

숨소리 들리는 심야
휘황한 빛의 전사들이
후미진 골목에 은신하고 있던
자정의 어깨 위에 무등을 타고
심지를 돋운다
LED등처럼 빛나는 한 새벽이 멈춰 선다

축복의 암행

선물은 기다린다 해도 놓칠 때가 많다
자연의 변장술에 넘어가기 일쑤다

테스트를 거치기도 전에
상을 미리 탐내는 사람이 있어서

다른 사람에게 상장으로 우쭐대면
허영과 맞바꾸는 셈이다

사라진 보상은 머리 조아려 맹세하고
똑같은 시련을 달게 받은 후 되찾는다

선물은 우수리일 뿐
나눔을 위한 디딤돌이 방치되면

또 하나의 축복이 기다려진다
도전의 뒤안길에 꽁꽁 숨어라

날 좀 보소

날 좀 보소
날 좀 보소
날 좀 보소
생전 본 일 없는
맑음
광대함
텅 빔이
두리둥실
떠 있다
저도 다 보여주어
날 좀 보소
날 좀 보소
날 조끔만 보소
내 조잡함 다 보이기 전에
두둥실 안긴다

이완에 대하여

거실 깊숙이 밀고 들어온 햇살이
희고 부신 네모의 요를 깔아 놓았다
고양이 걸음으로 사뿐히 걸어갔다
요 위에 몸을 개처럼 늘어뜨리자 눈꺼풀이 닫혔다
수지와 족장을 통과한 기운이 미미한 너울을 타고
우주의 본보기를 따르는 별들 사이를 주유한다
디밀고 나오는 사념의 행렬이 비실거린다
야옹이, 멍멍이, 달리는 차들이 찍소리 없이 잠든 건
쏟아진 볕 때문만이 아니었다

다시 쓰기

지구는 몇 생이나 반복되는 나의 일대기를 갈무리하는
곳간

굴러가게 내버려두었을 뿐, 한 순간도 멈추도록 손쓰지 못한
바퀴 달린
시간의
궤적

내면에서 몸소 진리를 찾은 샤먼들의 본을 따 펼쳐보아야 할
인큐베이터
속의
경험들

뱉은 말, 숨 한 줄기가 토한 찌꺼기까지 스펀지처럼 빨아들인
지각은
지금
과부하

켜켜이 쌓인 먼지를 털고, 기지개를 켠 기억이 제 쓸모를
되새김질하는
우리는
신생아

게워낼 때마다 새로운 앎이 두루마리 끄르는 날
'인류, 역사를 다시 쓰다'

아침 혹은 밤의 안내자

밝음이 커튼 사이를 기웃거린 것으론 모자란다
새들까지 빈속에 한껏 목청을 뽑는다
빛이 초록 잎사귀에 대고 쨍, 광합성 작업을 건다
몇 호에 산소의 결핍으로 깨어나지 못한 생명이 있나,
시계가 소란을 떨려던 참
주인이 부스스 눈을 뜬다
바리스타 급으로 흉내를 낸 흑갈색 액체가 뇌를 건드릴 품새다
육신만이라도 모진 세상의 한 귀퉁이에 복귀시켜야 한다
생존에 들볶이는 심사가 본능의 간청을 밀어내 버린다

어스름이 내려앉는 저녁
둥지로 돌아온 미물들이 날개를 접어 걸고
지구의 정화에 참여했던 수풀이 허파에서 가쁘게 이산화탄소를 뿜는다
몇 번지에 지쳐 쓰러진 친구들이 없나,
달님이 얼굴을 들이밀며 방제 작업하듯 싸 아한 빛을 뿌린다
밤을 기다리는 사람에게서 우울의 껍데기를 벗기는 가운데
몸이 재빠를 필요를 못 느끼나 잠들진 않는다
빛이 스며들도록 어둠으로 접힌 구석을 내비친다
쳐진 얼굴의 입 꼬리가 스르르 자동문처럼 올라간다

굿바이, 올드 에너지

그것이 하차할 시간이다. 북망산 갖고 갈 보따리 아무리 풀어 헤쳐도 줄지 않은 멍에 그대로 짊어지고 떠나려 한다. 버거웠던 생존은 파쇄기에 잘려 나간 쪼가리들처럼 낱낱이 맞춰 보니 줄줄이 흑백논리로 판독되었다. 옳으냐 그르냐 판가름해주는 해결사로.

전쟁, 피지배, 분열, 불평등으로 점철된 역사는 그것의 뇌리를 점거하고 있는 기억의 진원지. 두뇌보다 잴 수 없이 깊은 망각의 늪에 잠든 무의식의 뇌관이 밟힐 때면 굳건하던 정신이 찰나처럼 무상하였다. 세대 간의 갈등은 철딱서니 없는 것들 탓이라 말 할 때 불마켓으로 치솟았고, 구슬픈 이별의 부산정거장 한 수 감아 돌리며 피난살이 절절이 읊을 적엔, 어깨 축 쳐져 핏빛 가신 하향곡선을 내리질렀다. 축구공 차올리듯 선 공격을 감행하다가 탁구공 띄우듯 실수를 떠넘겼다. 퇴진할 자리에 서서 철수하려는 작전도 미룬 채, 때론 억지를 부리고 때론 비굴하였다. 무엇을 잘하고 무엇을 잘못하였는지 모르기에. 명치에 걸린 매듭을 풀어주고 못다 이룬 일들을 떠안아야 할 마지막 기회가 보챈다. 떠나보내기 전에 오늘을 있게 해준 그것의 노고에 가슴으로 안을 채비를 서둘러야 할. 양극의 선택지에서 갈라설 줄은 알았는데 돌아오는 길에 미아가 된 건 누구의 탓이 아니다. 이판과 사판이 수없이 등 돌려 화석으로 굳어진 채 구심점에서 멀어진 에너지의 낮은 파동.

운세

행운이
타로 점괘 왈
24시간
딱 하루치라고 한다면

얻은 것은
시시각각
방심의 늪으로 빠져들게 될지 모르는
조짐 같고

잃은 것은
일촉즉발
바닥을 치고 일어나 타야 하는 오름세의
가능성이어야

part. 3

어떤 관조자

활짝, 꽃이 웃어주지 않는다
매일 물을 주고, 쓰다듬고, 꺾지 않으려고

애쓰는 가드너

어느 누구에게서 받은 인정은
여전히 기댈 구석을 찾는다

안을 들여다보는 사람

무덤은 스스로 팔 때 완벽하다
아슬아슬하게 알아차린

웅덩이에 빠진 앉은뱅이

소확행
   - 작지만 확실한 행복

술래잡기를 하다

눈이
내린다

쌓이고, 쌓이다, 또 쌓이고
정적으로 덮인다

돌연
멈춤

시간이
되돌아볼 수 없다
아침 낮, 그리고 밤이 하얘서

공간이
벗어날 길 없다
고요가 덧문을 걸어 잠과

술래가
눈 먼 문을 살며시 밀었다

미소가 스며든 국물에
이완의 수제비를 뜬다

빛의 소금을 뿌려서
한 모금씩 떠 넣는다

언 가슴 속으로
솔솔

무책임한 시간에게

너를 놓쳐서
오늘 하루를
손실로 처리해야 했다

그런 다음 또

네가 계속
바쁘다고 피하기에
아예 관심일랑 접었다

레이스 블라우스

하얀 결벽을 푼물에다
레이스 블라우스를 담근다
푸르스레한 정적이 수틀을 받쳐든다
처음 수놓을 때 막막하기만 하던 불확실의 안개 걷히고
두 주먹이 짧은 등거리 파동에 몰두한다
손놀림 위에 생긴 때를 문 거품 다발을
졸고 있는 노랑 양말의 입에 쑤셔 넣는다
기다리던 검정 바지가 팔자 주름을 길게 늘어뜨린다

무색의 얼룩을 흔들어 여러 번 헹군다
씨줄 날줄 손 다림질로 두드리고 애무한다
옷을 입혀보니 학이 되었다
출시 직전에 디자이너가 잠시
널을 뛰고 있는 숨을 고르듯
높이 앉은 하얀 생명을 바라본다
항아리를 보듬은 듯
솔기 마다 깃털처럼 부풀어 올라
언제 날아오를지 모르는

트릭

바람이 창을 두드린다
오늘 아침은 너무 추워 문을 열지 말라 꼬드긴다

다만 억하심정이다

샛노란 국화꽃을 단 대궁이 창문을 톡 톡 건드린다
몇 송이나 더 피었는지 맞춰 보란다

늦여름부터 가을 제전에 눈독을 들인 것이다

크림색 장미가 분 향기 실어 나르는데
창틀에 갇힌 미색이 발끈한다

명백한 유도작전이다

턱을 들어 올리며 입 꼬리에 미소를 내건다
실없이 넓은 유리 문짝을 밀어 올린다

가을볕에 누워

 정수리를 쏘는 햇살이 따갑다
 등허리를 감는 기류가 서늘하다
 볕과 바람이 내는 엇박자를 따라잡다 알아차리게 된 일
 바람 한 가득 통과하는 평상에 고추를 뉘어 해바라기를 하였다
 간밤에 잠을 설쳤다
 기왕에 의자에 몸을 길게 누이고 나도 고추가 된다
 살갗에 닿는 빛의 포르티시모가 군고구마를 쥔 것처럼 따끈하다
 그 위로 짬짬이 바람 가슬가슬 피아니시모로 훑는다
 풀벌레의 소리에 잠을 깼던가 싶다
 얼마나 여리던지 엎드린 채 꼼짝 할 수 없다
 몸을 일으키면 리듬이 끊길지 모른다
 사력을 다해 울고 있을 목청의 떨림이 흐트러짐을 모아주는 만트라다
 묵은 것과 신참 사이에 알아주는 사람 없이 물밑작업을 하고 있다
 거리에서 물푸레 고목에 매달려 떼거리로 지르던 것은 농성이었다

여름휴가에 덧붙여

얼마 동안
집을 떠나게 되면
재충전한다고들 말하지

몸과 마음의 실험실에
플러그를 꽂고
출발해야 한다네

여행을 마친 후
녹초가 되어버렸다고들 투덜대지
몸아,

탱탱한 고무줄은
늘였다가 놓으면
제때, 제자리로 복귀하고말고

아오테아로아*의 일상

 지상에 낙원이 존재하리라 믿은 적 없다
 호감도 일 순위의 나라에서 손짓하여도 도리질로 버텼다
 뜬금없이 인연이 끌어내고, 호기심이 갑작스레 꿈틀하는 사이
 스스로 화면에서 빠져나온 피사체가 되었다
 아웃사이더의 삶에 연금술을 부여할까, 반신반의하였고
 혹독한 담금질이 들이밀지도, 각오와 두려움이 교차하였다
 벼 이삭인 양 고개를 떨구고 숫기 없는 입술과 눈치가 서로 쪼았다
 그간 눈에 담아둔 환상의 비디오를 끄고 인증의 샷을 멈추었다
 절기마다 정령들이 흩어줄 미지의 알곡 혹 쭉정이, '본 따르기'하느라

 쉼 없이 더듬이를 내젓는 내면의 일상은 생명의 불가침권
 낙원의 초원에 흩어진 양들이 땀 흘리는 농부의 기대치이듯
 감각의 입자가 거친 모래 알갱이에서 햇살처럼 자잘하게 부서져 내리고
 굳은살 투성이에서 색색의 부끄러움, 허물이 비늘처럼 떨어진다
 시린 북동풍이 분에 넘치도록 비질 해 놓은 남태평양의 섬 자락 위로

* 아오테아로아(Aotearoa): 뉴질랜드라는 뜻의 마오리어

고추잎

약이 오른 고추를 따다가
고개를 떨군다

조신하게 받쳐 든 대지에 누워
하늘을 우러르는

잎사귀를 가만히
주워 올린다

가을볕으로 따끈하게 데워지고
진중하게 바람 실어 나르는

지붕 위에 고추를 고루 널고
곁에 마른 잎의 등허리를 눕힌다.

땡볕에 데워져 불콰하다
고추 취한다.

욕망의 바닥에 균열이 생겨서
응석받이 고추가 부럽다

꿈틀, 고추가 몸을 들썩인다.

기류가 하강하여 뜨거운 양철지붕을 식히는 중이다

야윌 대로 야윈 줄 알고 있으나
바람보다 가벼워진 것 잊었다

등허리가 서늘하여
황망히 쓸려가는데

고추가
너무 싱겁다

변기에 앉아

변기를 째려보며
지린 때와 씨름할 각오다
들어 엎을 기세로
독한 마음이 밀어 댄다.
뽀송뽀송한 타일이
득의만만하다

변기에 앉으니
다소곳하다
뒷간 청소, 할 만하다
할 가치가 있어
성스러운 자리
요 변덕스럽다

변기 안을 들여다본다
야만인 시절 떠올라 시부저기 웃는다.
시간은 되돌려볼 때면 늘 계면쩍다
거품이 돌고 돌아
쏴– 소용돌이에
두루 부서져 내린다

수프

그것은 축소된다.
셈의 문턱이 닳도록
쪼개어져
만들어지는 픽셀의 수만큼
행위의 여닫이가 달린다

두뇌를 괴롭히며 짜낸 지식이, 증거에 매달리는 노력이
얼마큼이나 부대끼면
충분할까 싶어

모든 것은 확대된다.
뭉치다 끝내
숫자의 한계를 넘어
합쳐지는 곳에
길이 나 있다

들어가는 문은 하나
온갖 식재료의 경계가 허물어져 구분할 수 없는 가마솥의 국처럼
섞이고 합치므로

불통

기어 변환기가
말을 듣지 않았다

되짚어보았다

운전자의
소통 방식에 대하여

단호박 여물려면

호박의 볼기짝이
펑퍼짐하다 못해
쑥 빛을 띤 너럭바위가 되었다

쪼그라진 탯줄에게 너무 가혹하다
검버섯으로 얼룩진 손등이 영 안쓰럽다
꼬장꼬장하니 모질음을 쓰고 있는 팔뚝에게

전지가위가 툭, 건드린다
인고의 세월을 추어올려 달라고 떼쓰는 게 아니다
속이 꽉 찬 반석이 될 때까지 지렛대가 되겠다

어린 순 하나 알랑거리자
싹둑,
가위로서 모름지기 할 일

빈 풀장에 세 번째 실족한 고슴도치

고슴도치가
절벽을 기어오르려고
발버둥치고 있다

다르게 보자면
신나게
미끄럼을 타고 있을지 모른다

공교로이
25번째 시간이 되면
그것은 거름이 되고 말 것을

낯선 풍경

배링튼 거리를 달린다

양 옆으로 회색의 거구들이 줄지어 섰다

저 소실점을 빠져나가야 한다

근육질의 몸통에서 걸림 없이 뻗은 실한 팔뚝이 바투 다가왔다

'원시림에서 위의당당 활보하고 있어야 할 코끼리들'

차 안에서 나도 모르게 몸을 뒤로 젖혔다

기름칠로 번들거리는 초콜릿 복근에 비할 몸매가 아니다

거추장스러운 머리채를 배코로 밀어버리고

내피를 고스란히 드러낸 아스팔트 위의 초현실적인 말밤나무

초록의 손바닥으로 수없이 하늘을 가렸던 때가 비현실이었다

투영

정오에
못에 투신한 군상들
대오하려는 듯 곧추선 유칼립터스의 뼈대
피아니스트의 손가락처럼 길고 유려한 잎사귀
깃털을 단 씨앗을 뿔뿔이 날려 보내기 전, 최대한 구심점에 집중하는 민들레
곁에 변덕쟁이 구름마저 미동 없이 잠겼다
태양이 아무 차별 없이 건져 주리라, 하나 둘 셋, 숨을 멈추었다
바람이 다가와 소리쳤다
가짜야!

색소폰 부는 사람

아침, 점심, 저녁, 수면 시간조차
주역, 조역, 엑스트라, 카메오 출연자가
커튼 뒤에서 꾸며 놓은 대로 따라야 하는
연극이 아니더라도

관객이 얼마나 모였나 셈하느라 애쓰고
밖에서 날아올 환호와 질책에 마음 졸이며
작품을 여러 번 올렸는데 같은 배역을 매끄럽게 소화하지 못하여
뒤웅박 속에 갇혀 헤어날 수 없게 된다면

그대가 색소폰을 부는 동안
결코 겪어보지 못했던 일일지도 모를
당신의 깊은 곳으로부터 평화를 느낄 때까지
거듭 무대로 불려 나간다

제자리

인류가 이룬 것은
문명

잃은 건
성취의 포로가 된 욕망에게 내준 자리

더 편리하고 더욱 영리한 기기를 꿰찬
초스피드로 질주하는 인위적인 지능

거푸집만 떠놓고 여전히
불 밝히지 못한 내실內室

다리 너머

생각 없음을 부러워 말자
동물을 향하여 농으로도 그러지 말 듯

알아채고
마주하면 다시
기다려지는 설렘 같은 것

마음 없는 삶일지라도 그리워는 말자
지구의 궤도를 이탈하면 반칙이니까

생시에 건너가서
너머에 확인해야 할
이음새 같은 것

part. 4

길

은행나무
옷 벗어서
누군가 뱉은
껌 딱지에
황금물 입힌다

비바람 쓸고 간 뒤
검은 얼룩
도드라지는 길

때가 되어
어디선가 구시렁거리니
추적추적
신발에 붙어
따라간다

맹세

밥상머리에서 아이에게 꾸지람을 했다
모성의 자질을 채근하지 못하였다

마주앉을 용기를 내기가 심하게 부끄러웠다
무엇을, 어떻게 할 것인지가 안개 속이었다

와일드카드를 뽑아 들었다
다시 그런 일이 생기면 문초하기를 당부하였다

돌아서서 참회를 하였다
내가 고집스러이 쌓은 낡은 성을 허물리라고

내 안을 들여다보았다
거기 세계가 고스란히 들어 있었다

어미만 수그리면 되는 줄 알았는데
자식과의 연줄이 일통을 이루었다

그리해보니 삶의 아귀가 맞아떨어졌으므로
보여지는 세상의 배면이 읽혔으므로

소음과 침묵

고성방가 엎친 데
불평이 덮치다

소음의 정체
놓칠라

고요한 숲에서
정적을 찬미하다

침묵의 깊이
뚫지 못할라

뙤약볕 쬐는 신호등

쏴아아-

달아나는 찬 공기를 담느라
끈적이는 티셔츠를 부풀렸다

바람 소리를 가두어 놓은 사이
입은 감탄사를 터뜨리지 못한다

살짝 열린 동공이 빛을 빨아들인다
길 건너 히피 여인이 숭숭 뚫린 밀짚모자 고쳐 쓰는 가관
칭칭 두른 넝마까지 한눈을 팔다 그만
숨을 토했다

훅,
염천의 열기가 화톳불처럼 덮쳤다

삼계탕 집

내다 걸면 뭐든 폭폭 쪄 내놓는 한낮
철제 카트가 하품을 문 종업원을 끌고 왔다
둥근 대나무 채반 위에서 소곤댄다
아삭이 고추, 양파, 당근, 생마늘이 저 먼저 자셔보라고
가운데에 퍼질러 앉은 쌈장도 걸쭉한 추파를 던진다

뚝배기가 당도하자 부글부글 불호령 내린다
대형 에어컨이 잽싸게 무릎 꿇는다
영계다리가 단말마적 경련을 일으키는 분화구 앞에서
방관자는 얼린 타올 끼고 합장할 뿐이다

갈증, 허기로 입맛 잃은 하루를 추스르는 데는 그만이지
강황으로 샛노랗게 곤 오지그릇을 비껴 세워 득달같이 퍼 넣는다
열탕은 견딜수록 오장육부가 든든해지는 것이야
파리 쫓듯 애먼 화기를 밀어낸다

흥건히 밴 땀을 훔치며 이열치열의 허를 되짚어본다
여름의 사람들
얼음 동동 띄운 냉면 한 대접 말아먹고
내처 팥빙수 찾아 가지 못하는 속내를

뻔뻔스러운 변

과수 나무의 해산달이었더랬습니다
영근 알들이 아침 햇살에 비껴들어 자주 빛의 표적을 달랑대기 시작했습니다
담 넘어 행인들이 부러움 섞인 대화를 나눈 줄도 몰랐습니다
올 무화과 수확은 대풍년이 되리라는 설렘만 배가하였습니다
군입을 다시며 이마에 주름이 잡히도록 눈을 치떴습니다
'날개 달린 것들이 촉수를 뻗칠지 몰라'
날카로운 주둥이로 보드라운 살집을 콕콕 찔러 댈 것이다
'당장이라도 사달을 낼 것 같아'
욕심과 경쟁심이 서로 동색이라고 수근거렸습니다
맑은 하늘을 노려봐야 할 사유가 문어발처럼 갈래지는 바람에
허공에다 목을 길쭉이 빼는 날이 늘어만 갔습니다

우지직,
외마디조차 삼켜버린 회오리의 칠흑 지나가고

올망졸망 새끼들을 끌어안은 어미가 펑펑 하혈을 쏟은 뒤였습니다
나무의 안위는 내던져졌습니다
붕대로 얽어 맨 처참한 꼴을 어물쩍 넘겨버렸습니다
고개를 외로 돌린 채 곁을 지나쳤습니다
반죽음이 된 생명의 수술을 미루었던 것입니다

발코니

고열을 실은 바람에게 빨래를 맡겼다
다림질이 된 핑크 블라우스가 돌아왔다

물에다 또 손을 담갔다
빨래 주무르기는 물장난

발코니에 매단 손수건이 해변 쪽으로 이끄는데
내 눈동자는 십층 아래 허공에서 풀어지고 있다

미색 나무의자가 온돌 바닥처럼 뜨듯하다
빵빵 내지르는 소리에 마지못해 눈을 떴다

한나 두울 세엣 다섯 여섯…… 사십, 오십일, 칠십팔, 백…
상식의 시대, KO패

다낭의 오토바이는 폭주족과 택배 기사의 전유물이 아니다
주차 공간을 자동차랑 대등하게 갖고 있어야 한다

목등뼈가 뇌의 근수를 못 이기고 흔들
땡볕 지글거리는 모래밭에 아지랑이인가

베트남 다낭에서

그럼에도

가이드: 영국은 흐리고 비가 자주 내린답니다. 스코틀랜드는 추운 데다 음울합니다.

여객: 파카와 우산을 꼭 챙겨야겠어요.

웬걸, 착륙하는 날 코발트 하늘 아래 공항의 트랩을 밟았죠.

잉글리시 브레익파스트는 프라이드, 포취드, 하드보일드, 스크램블드에그로 주문하십시오. 콘티넨털은 차가운 그대로입니다.

신새벽에 흐릿하던 눈들이 휘둥그레지는데

하지만, 밥이 없잖아요.

수프가 많이 짭니다.

뻑뻑한 죽 같아 넘어가질 않군요. 부티크 호텔에서 이 정도 수준이라니

말도 안 되지만, 이 몸을 정성껏 먹이고 이끌어야 하는 타관인 걸요.

찬물, 더운 물 따로인 호텔의 세면기가 참 고풍스럽습니다.

부실한 이빨이 시리다 데다 오만 상을 찌푸리는데 개구리 캐릭터의 수도꼭지가 윙크를 하네요.

찾으려고 하면, 흥미로운 게 있게 마련이라나요.

캐슬 안의 투어 어땠습니까? 백파이프가 토해내는 음조는 구성지지 않았습니까?

잔혹한 역사 때문에 졸아드는 가슴을 쓸어내리다마다요. 버터 바른 송어구이로 간신히 달래고 있어요.

하지만, 원조 스카티쉬 음악으론 단연 보배였고요.

전쟁터에서 승리는 모두의 몫이었습니다. 장수에게 영광을 내리고 성주는 땅을 부지하였습니다.

수많은 백성은

처참하게도, 희생을 감수하였다고 기록되어 있었어요.

이곳은 아주 낡고 닳은 교회당입니다.

풀밭에 묘비가 모로 누웠어요. 삭아 부스러진 가루를 뒤집어쓴 풀잎이 신음하는 소리가 들려요.

"그런데, 왜 하느님은 홀로 가벼운가요!"

이 갈림길은 마녀의 혼이 깃들어 있는 곳이랍니다.

"저 여인을 무거운 돌과 함께 묶어 강물에 던져라." "만약에 네가 살아 돌아온다면 진정 마녀일 것이니라."

세상에, 그 어느 쪽으로도 그들은 죽음을 면하지 못하였다지요.

아이오나 애비(Aiona Abbey)의 섬은 늘 이렇습니다. 안개에 가린 날씨 탓인지 모든 게 흐릿하답니다.

536년에 불모의 땅과 사랑에 빠졌던 콜룸바 성인의 이름자는 또렷하군요. 스테인드글라스에 비친 눈부신 광배도 말짱한데.

그렇다 한들, 벌써 승천하였겠지요.

이번 여행도 마무리를 지어가고 있습니다.

오월이 마른 절기라 들었기에 연인처럼 푸르름을 그리워한 게 잘못인가요?

스코틀랜드를 떠나는 날,

그러자, 님이 상큼한 창공을 되돌려주었습니다.

잉글랜드, 웨일즈, 스코틀랜드에서

거미

점박이 개똥지빠귀가 인기척에 놀라 푸드덕, 꽁무니를 뺀다
지렁이 저격수 블랙 버드를 휘휘 젓자 담장 위에서 찍, 갈긴다
녀석은 빌빌거리기나 할 테다
손아귀에 든 대포에 힘을 조인다
집은 공중 분해되고 주인장은 기함하고 말겠지

보일 듯 말 듯 가는 끈끈이 오라기를 토해내어
허공을 뚫고 현기증 나도록 누각을 돌리고 나서야
로열 석에 여덟 개의 다리를 걸치는 자를 향하여
포문을 열었다

물 폭탄을 맞은 거미성이 우리 도시를 파괴한 진도 7의 급수로 출렁거렸다
강압에 달아난 호스가 꼬리를 뒤틀더니 용오름을 말아 올렸다
꽃 이파리들이 산산이 흩어지며 아우성치는 소리
무력으로는 웹을 제압할 수 없어요!
하나 틀린 말이 아니었다

녹차 이파리

쪼글쪼글한 녹차 잎
셋이
기름한 머그잔에 잠겼다

탕 속의 뜨거운 물이
회빛에서 노르스름하게
우러나는 동안

육감적인 자태로
혹은 수줍은 듯, 또는
웅크린 채 몸을 풀고 있다

아무도
왜? 라는 표정으로
쳐다보지 않는다

닮은 스케치

멀찍이 흔들리는 동그란 손잡이, 첫눈에 꽂히는 책
줌 아웃, 줌 인

빈자리 두고 서 있는 사람
양보하느라 뒤척이고, 호기심으로 뒤적이다

'척' 해도 되는 공간
자는 척, 또는 박식한 척해도 별 탈 없다

예능과 SNS를 오르내리고, 침 발라 종잇장 넘기는 동안
일 자목 잠복하다

노선을 갈아탈 때마다 그침 없이 파동을 뒤섞는 전동차
바이브레이션을 끊임없이 재생산하는 종이책의 전시장

담아가거나 흘려버리거나 제 맘 대로인데
기억 장치는 여기 저기 잽싸게 주워 담는다

두려움

조부가 씨를 뿌린지 70여년
지난한 세월 동안 아들이 물길을 댔다
애송이 손자가 올곧이 분노를 퍼부었다
적통의 싹을 경외하는 동지들의 야릇한 미소가 동토에 번져 나갔다
역한 냄새에 문명의 대륙에서 마주 겁을 주었다
야만적인 수법을 쓰는 자, 치졸한 셈법으로 되갚음 받을 것이다
지구에서 핵폭탄을 낀 가장 악랄한 테러범으로 기록될 것이다

'나도 몰라'
협상 테이블에 가기 전날 지쳐 잠이 든 정은이
할아버지의 인자스러운 목소리 들려온다

'할아비와 아비의 궁전무덤에 엎드리지 말고
살아있는 자들의 눈빛을 마주하여라
지금 들리는 함성에 귀를 열거라
그것은 따돌림이 아니다
너의 겁먹음이니라'

트렌드

트렌드는 자연이다

자연은 시간이 원이라는 개념에 토를 다는 대신
빙글빙글 돈다

세월이 두께 위에 더께를 씌운다
초강수를 둔 빠르고 신선한 바람이 강타하든지, 헛바람이 쳇바퀴를 돌든지
흐름에 올라타면 그뿐이다

트렌드는 시병이다

질병은 시간이 둥글다는 걸 잊지 않았다
복고의 바람을 몰고 와서 재차 퍼뜨린다

역사를 반복의 끈으로 친친 동여맸다
시간을 과거, 현재, 미래, 한 줄로 세우지 말라고 거듭 옥죈다
오늘이 어제일 수 없으며, 무슨 조화로도 내일로 화할 수 없다고

졸업

직관이
한 줄의 아이디어를 건넨다

깨우침이
동나면

쓸 일이
없겠다

포엠포엠
POEMPOEM

■ 해설

아수라와 지복至福 사이를 매만지는 말들
- 최로잘리아의 시 세계

정 훈
(문학평론가)

■ 해설

아수라와 지복至福 사이를 매만지는 말들
−최로잘리아의 시 세계

정 훈 (문학평론가)

  최로잘리아의 시에는 시간과 공간을 가로지르며 흘러가는 정신의 탯줄이 있다. 세계, 이 광활한 존재의 범주에 먼지처럼 놓인 '생각하는 인간'은 궁극을 좇지만 매번 실패하는 아픈 실존이다. 하늘을 올려다보며 우주의 신비를 묵상하기도 하고, 땅을 내려다보며 존재의 심연을 헤아리기도 한다. 어디서 왔으며, 또한 어디로 갈지 숙고할수록 미궁에 빠져드는 게 우리 인간이다. 최로잘리아는 이러한 우주적 물음에 천착한다. 그러므로 '생명'이 그의 시집을 가득 메우는 열쇠다. 수많은 예술가들이 생명을 입에 올리고 예술로 승화시켰다. 시도 마찬가지다. 시 또한 생명체의 자연스러운 호흡으로 탄생한 언어이기에, 어쩌면 인간 문화의 바탕에는 '생명'이라는 알 듯 말 듯한 영역이 자리 잡고 있는지도 모른다. 개개의 생명만 생명이 아니듯, 우리를 둘러싼 세계는 거대한 생명 군(群)의 집합적 연쇄로 이루어져 있다. 아니 그럴 것이다. 이러한 짐작에는 마치 영원히 잠들다 깨어나 문득 깨달은 사람처럼 말로 형용할 수 없는 낌새가 있다. 시인은 그러한 낌새를 알아채는 사람이다. 그리고 그러한 낌새를 말로 표현한다. 사람에게, 나무에게, 해와 달에게, 그리고 시인에게 눈짓을 보내고 말을 건네는 모든 것들에게 입술을 연다. 그 입술에 새어나오는 말들의 표정이 밝든, 스산하든, 때때로 쓸쓸하든 시인의 입술에는 숙고의 시간을 지나며 새로 돋는 비명(悲鳴)이 있다. 찰나 같은 비명이 툭, 하고 지나가면 눈에 보이지 않는 존재들이 응답을 한다. 눈에 보이든 보이지 않든, 모든 존재는 시인의 말에 감응을 할 것이다. 이건 과장이 아니다. 낭만주의나 상징주의 시인들의 시에는 자연과 인간이 서로 감응할 수밖에 없는 말의 끈이 있다. 이 끈은 생명적 기운의 호출로부터 생겨난다. 그래서 그 옛날 음유시인들은 시간의 흔적이 남겨놓은, 지금 이곳의 세계를 사소하게 바라보지 않았다. 이들에 따르면 지금 세계는 앞으로 올 세계의 시간에 짜 맞춰 신비하게 생동하는 숙명의 몸짓이기 때문이다. 그러므로 우리는 미스터리하면서도 짐작의 끝을 헤아리길 힘든 세계의 표정에 어떤 형식으로 응대해야 하는지 알게 된다.

겨울을 오랫동안 냉대하였다
춥다는 말을 겨울과 짝 지어 미안하다
여름과 차별 둔 것을 사과한다

계절을 절뚝거리며 날을 짚었다
베짱이처럼 더위만 구가하였다
태양에 달궈진 모래알 속에서 기서(氣序)를 어겼다

겨울은 춥고 여름은 덥다는 말 모순이다
순환은 자리를 고집하지 않기에
극한 개념으로 비약할 수 없다

둘 사이에 서로 등 돌린 적 없다
마주 보아도 미간을 찌푸릴 리 없다
그럴 앙심이 없다는 까닭을 알게 됐다

봄이 그리고 가을이 제때에
나의 어머니처럼 완충지대가 되어
모가 난 부분을 다듬어준다
- 「봄 그리고 가을」 전문

사계(四季)를 나눈 이유는 인간문화에 속박하기 위한, 자연에 대한 인간의 요소론적 사고가 작용했기 때문이다. 자연과 세계를 나누고 쪼개어 분별하기 쉽도록 인간 이성이 작동한 결과 가운데 하나가 바로 철(계절)을 네 가지로 나눈 것이라 볼 수 있다. 봄과 가을은 따뜻하거나 선선하고, 여름은 덥고, 또한 겨울은 춥다. 이런 인식은 오랫동안 인간의 몸과 마음에 편견처럼 달라붙은 '진리'처럼 되어버렸다. 이런 사고방식이 일면 유익하고 편리하기도 하다는 점 인정하지 않을 수 없다. 말이 생겨나면서 분별심과 상대적 인식이 생겨난다. 그러므로 봄, 여름, 가을, 겨울이라는 계절의 명명법은 어찌 보면 당연하달 수 있다. 「봄 그리고 가을」에서 시인이 말하고자 하는 것은, 또 다른 방향에서 인간의 인식에 대한 비판이다. 아니 우리 자신이 편견처럼 지니고 있는 상대적 분별심을 되짚어 본다. "겨울은 춥고 여름은 덥다는 말 모순이다/ 순환은 자리를 고집하지 않기에/ 극한 개념으로 비약할 수 없다"는 진술에 주목한다. 춥고 덥다는 감각은 자연스럽지만, 여름은 덥고 겨울은 춥다는 관념은 여름과 겨울이 서로 상반된 자리에 놓여 있다는 편견에서 비롯한다. 이런 생각은 같은 자리, 같은 공간에서 수시로 찾아오는 '순환'이라는 이름의 자연의 이치를 망각해버릴 우려가 있다. 다시 말해 상대적이고 불완전한 존재인 우리가 볼 때 계절은 경계를 짓지만, 자연의 거대한 순환적 체계에서 보면 지난 자리가 곧 다시 올 자리이고, 지난 시간 또한 다시 맞을 시간이기도 한 것이다. 직선적인 시간관에서 비롯하는 세계에 대한 고정적인 인식 틀은 비록 분석적이고 요소론적이어서 편리하기는 하지만 존재의 신비한 원리를 궁구하는 데서는 방해가 될 뿐이다. 그러므로 구별 짓지 않고 온전히 현상 자체를 받아들이는 일이 중요해진다. 구별과 차별이 생기는 순간 우리는 자연과 세계를 온전히 받아들이지 못하고 억견과 오해를 불러일으켜서 분심(分心)을 낳게 되는 것이다. 세계는 몸의 감각만으로는 헤아릴 수 없는 넓이와 깊이를 지닌다. "봄이 그리고 가을이 제때에/ 나의 어머니처럼 완충지대가 되어/ 모가 난 부분을 다듬어"주는 이치를 알게 된다면 함부로 자연을 두고 왈가왈부하지 않게 된다. 즉 정의내리지 않게 되는 것이다.

   들여다봄은
   빛을 만드는 제조기

   보는 동안
   어둠이 온 데 없다

   밝음이 차오르는 환한 방

   계속 지켜보는 사이
   두려움이 간 데 없다

   바라봄은
   그릇됨을 멎게 하는 만능
       -「두려움이 설자리를 잃는 방식」 전문

최로잘리아 시에서 더러 드러나는 불교적 세계관을 위 시에서도 확인하게 된다. '희로애락애오욕'이라는 칠정(七情)이 야기하는 변화무쌍 하는 마음의 심란함 뒤에는 무엇이 자리 잡고 있을까. 마음을 순리에 내맡겨버리면 그것만큼 편한 것도 없지만 사실 쉬운 일이 아니다. 현상과 사건에 영향을 받지 않고서는 지탱하기 힘든 게 인간의 실존이기 때문이다. 인간은 자신을 둘러 싼 환경에 민감하게 반응하는 존재다. 저 자신도 세계의 일부이긴 하지만, 자신을 둘러 싼 세계가 내미는 손길을 마다하기 힘들고, 또한 저 홀로 오롯이 생명을 유지하는 게 말처럼 쉽지 않을뿐더러 공동체에서 소외된다는 두려움을 불러일으키기 때문이다. 위 시의 제목이 말하듯 '두려움이 설자리를 잃는 방식'은 무엇일까. 시인이 제시하는 방법은 "들여다봄"과 "바라봄"이다. 자신을 들여다보고 바라본다는 의미를 생각한다. 명상과 같은 거창한 개념을 떠올리지 않더라도 자신을 찬찬히 되짚는 일이 말처럼 쉽지는 않다. 두려움이 생기는 계기는 다가올 시간에서 어떤 방식으로 자신이 놓이게 될지 알 수 없는 불안에서 생겨난다. 그리고 인과적 사건의 유추에서 필연적으로 마주하게 될 환경의 변화도 두려움을 불러일으키는 요인 가운데 하나다. 두려움은 실체가 아니라 양상이다. 그리고 두려운 감정은 세계와 사건을 해석하는 가운데서 자신이 만들어내는 마음의 형식이다. 마음을 어떻게 먹느냐에 따라 두려움의 양상도 달라지게 된다. 두려움이라고 확신했던 마음이 실은 두려움을 가장한 보호심리일 수도 있다. 어쨌든 감정이 생기고, 감정이 만들어내는 온갖 환상들이 들끓는 자신의 마음을 사심 없이 들여다보는 일이 중요하다. 시인의 말처럼 "계속 지켜보는 사이/ 두려움이 간데 없다". 그리고 "바라봄은/ 그릇됨을 멎게 하는 만능"이다. 시인의 말처럼 쉽지만은 않은 일임에는 틀림이 없다. 자신의 마음을 흔들림 없이 지켜보는 일은 상당한 인내와 수련이 필요하다. 시인이 제시하는 말들에는 현실을 슬기롭고 알차게 꾸려나가는 방법이 들어 있다. 그러면서도 철학적인 사유가 녹아 있다. 짧지만 분명한 말속에 삶의 지혜를 엿보게 된다.

    나는
    벌거벗은 채
    엄동을 난다
    여벌이 없다

    나도 철 따라 옷을 바꿔 입긴 한다
    패치코트로 겹겹이 부풀린 초록 스커트를 두르고
    열병 환자처럼 붉게 달뜨다, 마른 잎을 바삭거리며 피를 토하듯 곤두박질친다
    천과 지의 기운을 머금어 초심을 놓은 적 없지만

    당신들이 항시 두르는 망토가
    내가 숲의 길잡이들-태양과 달, 바람, 비, 구름, 날개 달린 것들과 속삭이는 방식으로

들고, 보고, 맡고…느끼지 못하게 함으로써
그대에게 건너가야 할 전언이 번번이 꿈결처럼 흩어
지고 만다

거센 바람에 최후의 통첩을 매달은 겨울, 하자는 대로
대지 위에 선 맨 몸뚱이가 얼어붙든 말든 아랑곳하
지 않고
오싹해진 팔뚝 위에 링거액처럼 꽃눈을 달고, 가사假死
를 연출한다
매번 왔던 곳으로 순순히 더듬어가는 길목에
　　　　　　　　　　－「나무가 벗은 까닭」 전문

　겨울나무를 보면, 그 꼿꼿하고도 당당하게 서 있는 모습에 감탄하는 경우가 많다. 이파리를 다 떨구고 빈 가지만이 오롯한 나무는 생명의 강인함을 느끼게 한다. 나무가 벗은 까닭은 시인에 따르면 "오싹해진 팔뚝 위에 링거액처럼 꽃눈을 달고, 가사(假死)를 연출"하기 위해서다. 그래서 "매번 왔던 곳으로 순순히 더듬어가"기 위해서다. 이런 표현은 단순한 시적 수사요 비유처럼 들린다. 사람들도 철 따라 옷을 바꿔 입는다. 시인은 "당신들이 항시 두르는 망토가" "숲의 길잡이들"과 속삭이는 방식을 느끼지 못하게 하는 장식일 뿐이라 여긴다. 사람들을 감싸는 옷감과 나무가 피어 올리는 이파리는 분명 다르다. 하지만 사람들을 보면서 나무를 생각하는 시인의 상념에는 어떤 중요한 깨달음이 숨어 있는 것처럼 보인다. 사람들 몸에 두르는 옷은 생존을 떠나 패션이 된지 오래다. 나날이 발전하는 사회의 속도에 발맞추어 인간의 몸을 장식하는 물건들도 온갖 쓰임새와 함께 삶의 중요한 요소가 되었다. 여기에는 욕망도 한몫 거든다. 이런 점들은 사람과 사람 사이의 네트워크가 정교해지는 만큼 중요한 전언들이 다가가지 못하는 약점도 야기한다. "그대에게 건너가야 할 전언이 번번이 꿈결처럼 흩어지고 만다"는 시인의 말 또한 이런 맥락에서 헤아릴 수 있지 않을까. 자연은 철 따라 순리대로 옷을 벗고 걸치는데 반해, 인간은 잉여의 곳간을 나누지 않고 더욱 더 채우는데 열중한다. 이러한 인간사회와 자연의 대비는 갈수록 극명해진다. 겨울나무의 헐벗은 모습이 비록 차갑고 쓸쓸해 보이지만, 인간의 눈으로 보지 않고 넓은 자연의 시각으로 보면 이 또한 다가오는 시간을 기다리는 존재의 숭고한 자태이지 않겠는가. 사람이 걸치는 옷 따위는 비할 바 없이 정직한 자연의 모습이다.

최로잘리아 시는 자연이 주는 숭고함과 땅의 호흡을 상상하며 뱉은 말들로 구성되어 있다. 그의 시를 읽으면 사람이 얼마나 불완전한 존재인지, 그리고 얼마나 사소하고 나약한 존재인지 깨닫게 된다. 일상에서 감지하는 빛과 그늘의 침투와 형형색색 다가오는 자연의 피부에 감탄하다가도, 때로는 인간적 존재가 처할 수밖에 없는 미약한 존재성을 느끼고는 한계를 절감하기도 한다. 모든 시인들은 인간의 나약함을 노래했다. 그리고 인간의 나약함은 자연세계의 웅장함과 숭고함을 상대적으로 감탄하는 쪽으로 기울곤 했다. 현대 시인들도 마찬가지다. 자연은 변함이 없는데 인간의 마음은 시시때때로 변하고 변덕을 부린다. 그래서 인간은 늘 자연을 그리워했다. 인간보다 크고 멀며 근원적이기에 그렇다. 그리워한다고 해서 그리움의 대상을 끌어안기는 힘들다. 그래서 그리움으로만 머무는 경우가 흔하다. 최로잘리아 시인의 그리움은 인간생명을 영위하고 지탱하게 하는 하늘과 땅에 닿아 있다. 이 우주는 어딘가 비밀을 품고 있는 듯하면서도 인간에게 직접적으로 다가온다. 머리와 발바닥에 직접 어루만지는 이 세계 뒤편에는 결코 상상할 수도 없을 무한한 세계가 자리 잡고 있는 듯하다. 그것이 어떤 형상으로 이루어졌던, 시인은 그 세계를 꿈꾸며 그리워하는 존재다.

머리에 이고 있는
천에 대해
자초지종을 헛들어 죄인처럼 살아온

인류

만물을 껴안은 어머니 대지
가이아와는
입맞춤 진실로 해보지 않고 남남으로 지내왔다
　　－「하늘과 대지 사이에 샌드위치되다」 전문

위 시는 하늘과 땅 사이에 꿈틀거리며 어디로 가는지도 모른 채 생명을 움켜쥐고 있는 한 존재에 대한 자화상이다. 짧은 단어 사이사이로 숱한 무지와 죄책감과 숙명적인 생명의 일그러진 모습이 끼어 있다. '샌드위치'가 주는, 이러지도 저러지도 어쩌지도 못하는 존재가 갖는 허망함을 어떻게 설명할 수가 있겠는가. "자초지종을 헛들어 죄인처럼 살아온" 존재, 이 존재가 누가 되었건 거대한 우주적 시공간에 대면 먼지에 지나지 않는다. 우리 모두는 먼지와도 같은 존재다. 다만 부정하고 싶을 뿐이다. 머리를 들어 하늘을 올려다보면 나 자신이 중력에 떠밀려 구부러진 형체를 발견한다. '샌드위치'가 주는 이미지에 주목한다. 구부러지고, 일그러지고, 찌그러질 수밖에 없는 이미지에 우리 자신을 대입하면 그만큼 딱 떨어지는 비유도 없을 것이다. 하늘과 땅 사이에 문드러지는 유한하고 사소한 존재가 인간이다. 인간은 하늘의 말씀을 들었지만 나날이 하늘의 말씀을 잊고 산다. 그 말씀을 되살려서 하늘의 뜻대로 살아가자는 게 인간의 사명이다. 하지만 그게 어디 쉬운 일인가. 다만 자연을 바라보고 응시하며 순명을 조금이나마 깨닫고 되살리는 게 중요하다. 시인은 그 길을 찾으려 하고, 또한 걸어가려 하는 자다.

    모국어로 말할 때
    흡족하다
    젖을 빠는
    아기의 얼굴처럼

애국자가 되지 않아도
말과 절로 사랑에 빠진다
모성이 자식을
가려 사랑하지 않듯

모태의 언어는
깨어 있는 삶
자음과 모음이 서로 껴안고 받쳐주는 동안
몸 안의 세포가 불침번을 설 때

자연스러운 글은
영혼과 함께 작업하는 동안
씹을수록 혀에 착착 감기는 흰쌀밥만큼이나
부드러움을 연마한 흔적
- 「모국어」 전문

 모든 사람들이 모국어로 말하지는 않는다. 태어날 때 어미한테서 배운 말은 어지간해서는 죽을 때까지 쓴다. 그래서 모국어인데, 이 모국어가 비단 자신의 나라에서 쓰는 말만을 협소하게 가리키지는 않는다. 그러니까 어찌 보면 모국어는 나라를 포함해서, 자신을 낳은 어머니에게 자연스럽게 물려받은 말의 혈육인 것이다. 따라서 '언어'가 지금처럼 정교한 정보커뮤니케이션의 문화처럼 정착되기 이전부터 모국어는 존재해왔다고 할 수 있다. 모국어는 '언어문화'이기 전에 이미 '자연문화'이다. 국가나 공동체문화에 앞서 모국어는 존재해왔다. 그러면 이 모국어가 함의하는 뜻이 간단하지 만은 않다는 사실을 깨닫게 된다. "모국어로 말할 때/ 흡족하다/ 젖을 빠는/ 아기의 얼굴처럼"의 진술은 두 가지 숨은 뜻을 내비친다. 모국어가 주는 자연스럽고 편안한 느낌과, 생명의 순리를 거역하지 않고 온전히 받아들이는 존재의 선량함이다. 이를 간단히 말하면 "모태의 언어"요 "자연스러운 글"을 자아내는 존재다. 시인이 모국어로 말을 하고 글을 쓰는 일에 대한 찬탄을 숨기지 않는 까닭도, 이 모국어와 동참하는 존재가 지니는 순수함과 부드러움을 믿기 때문이다. "모태의 언어는/ 깨어 있는 삶/ 자음과 모음이 서로 껴안고 받쳐주는 동안/ 몸 안의 세포가 불침번을" 서는 "자연스러운 글"은 언제든 "영혼과 함께 작업"한다. 말과 글, 이러한 말과 글을 빚어내는 존재인 인간, 그리고 인간을 구성하는 요소인 영혼, 이 세 박자가 어우러지면서 만들어내는 하모니가 바로 우주의 소리요 우주의 형식인 셈이다. 시인은 말을 끄집어내어 바닥에 그리는 존재다. 말이 떠오르면 생각도 잇달아 전개된다. 생각이 극에 달하면 우주의 형식을 그릴 수 있게 된다. 사람 사는 세상 복잡하고 헝클어진 듯 보이는 속에도 어떤 질서가 있음을 알게 된다. 시인은 모국어로써 그러한 질서에 동참하고 싶어 한다.

거실 깊숙이 밀고 들어온 햇살이
희고 부신 네모의 요를 깔아 놓았다
고양이 걸음으로 사뿐히 걸어갔다
요 위에 몸을 개처럼 늘어뜨리자 눈꺼풀이 닫혔다
수지와 족장을 통과한 기운이 미미한 너울을 타고
우주의 본보기를 따르는 별들 사이를 주유한다
디밀고 나오는 사념의 행렬이 비실거린다
야옹이, 멍멍이, 달리는 차들이 찍소리 없이 잠든 건
쏟아진 볕 때문만이 아니었다

― 「이완에 대하여」 전문

  모국어를 쓰면서 자연의 질서에 동참하는 삶은 순박하다. 그리고 소박하다. "수지와 족장을 통과한 기운이 미미한 너울을 타고/ 우주의 본보기를 따르는 별들 사이를 주유"하는 일이다. 몸이 이완될 때 이 세계도 따라서 이완된다. 현실은 아수라 같지만 결코 방향과 목적 없이 마구 서로를 잡아먹는 지옥은 아니다. 이 속에는 지복(至福)의 길도 언제든지 마련되어 있다. "야옹이, 멍멍이, 달리는 차들이 찍소리 없이 잠든 건/ 쏟아진 별 때문만이 아니"다. 이 수사에는 시인도 결코 설명할 수 없는 원리가 틀림없이 놓여 있을 것이다. 이완은 단지 축 늘어지는 것만을 가리키지는 않는다. 이완이 되어 편안해지지만, 이완은 비명과도 같은 세계의 꿈틀거림 사이사이에 영원처럼 존재에게 던지는 선물이 되기도 한다. 이러한 선물을 보고 찾는 자에게 세계는 행복하고도 포근한 보금자리일 수 있다. 시인은 그러한 지경을 꿈꾸고 그리워하는 자다. 최로잘리아 시인도 이를 희망한다. 그러한 희망의 성채에 닿기 위해 시인은 말을 뱉는다. 시인이 그리는 말속에는 영원에 대한 꿈이 담겨져 있다. 세계를 거부하고 곧장 유토피아로 향하려는 꿈이 아니다. 삶속에서 평온과 평화를 찾으려 하고, 지난한 시간의 흐름 속에서도 숨겨진 자연의 말씀에 귀를 쫑긋 세우는 사람이 시인이다. 최로잘리아 시인이 세상에 내놓은 이 시집에서 그런 포즈를 찾을 수 있다. 불꽃처럼 말을 쏘아 올리며 밤하늘을 수놓은 무수한 말들의 무리가 은하수 되어 떠다니는 모습을 상상하면 기쁘기 그지없다. 시인은 예전에도 그래왔고, 지금도 그렇고, 앞으로도 영원히 이러한 작업을 행하는 존재다. 시집 하나를 두고 이런 얘기를 할 수 있는 까닭도 그러한 믿음과 희망을 나 또한 간직하고 있기 때문일 것이다. 최로잘리아의 시 앞날에 늘 행운과 복됨이 함께하기를 바라며 두서없는 해설을 마무리 짓는다.

포엠포엠시인선 032

하늘과 대지 사이에 샌드위치되다
Gone astray between the Universe and Gaia

최로잘리아 시집

초판 1쇄 발행 | 2021년 3월 17일

지은이 | 최로잘리아
기획·제작·편집 | 한창옥, 성국
디자인 | 성국, 김귀숙

펴낸곳 | 도서출판 **포엠포엠 POEMPOEM**
출판등록 | 25100-2012-000083

본　사 | 서울시 송파구 잠실로 62 트리지움 308-1603 (05555)
편집실 | 부산시 해운대구 마린시티 3로 37 오르듀 1322호 (48118)
출간 문의 | 010-4563-0347, 02-413-7888
팩스 FAX | 02-6478-3888, 051-911-3888
이 메 일 | poempoem@daum.net
홈페이지 | www.poempoem.kr
제작 및 공급처 | 산업디자인전문회사 두손컴

정가 10,000원

ISBN 979-11-86668-37-5 03810

* 저자와 협의 아래 인지를 생략합니다.
* 이 책의 저작권은 저자와 출판사에 있습니다.
  저자 허락과 출판사 동의 없이 무단 전재 및 복제를 금합니다.
* 잘못 만들어진 책은 바꿔드립니다.